W0375499

L'EXCLUSION

Les ouvrages publiés de Madeleine Chapsal
sont cités en fin de volume.

Madeleine Chapsal

L'exclusion

Fayard

© Librairie Arthème Fayard, 2007
ISBN : 978-2-213-63296-4.

Oh ! n'exilons personne !
Oh ! l'exil est impie !

Victor HUGO

Arrivée de la veille aux Portes-en-Ré pour y accueillir David Servan-Schreiber, venu préparer chez moi son second livre après *Guérir*, je tiens toutefois à regagner Paris ce matin du lundi 30 octobre pour participer au vote du jury Femina, dont le prix, cette année, est décerné avant le Goncourt.

Mes candidats pour le prix du Roman et le prix de l'Essai n'ayant, je le sais, que peu de chances d'être couronnés, il me paraît d'autant plus important de leur donner des voix, ma voix.

Pour me lever plus sûrement à cinq heures, j'ai enclenché plusieurs réveils. Je n'emporte qu'un mince bagage, car je compte revenir à Ré l'après-midi même pour ne pas laisser seuls David, son chat, et

Léon, mon cher vieux chien. Aussi ai-je déjà mon billet de retour dans mon sac.

Le chat et le chien nourris, un café avalé, David embrassé, je saute dans ma voiture et démarre pour traverser toute l'île, franchir le pont et arriver à temps en gare de La Rochelle : il n'est pas question de rater ce TGV-là.

Sur la route, je ne croise qu'une ou deux voitures matinales, plus le Rébus, et j'ouvre la radio qui diffuse encore les nouvelles de la veille – à vrai dire, je ne pense à rien.

Quand je ne suis pas en train d'écrire ou d'agir, je mets mon esprit en roue libre. « C'est de la méditation, me dit David qui la pratique tous les matins ; ce faisant, tu reposes et libères ton cerveau. »

Dans le compartiment, quelques hommes sont penchés sur leur portable. Pour moi, je fais des mots fléchés, ce qui achève de laisser flotter ma pensée. Pourtant, quelque chose comme une petite lueur de conscience m'avertit que la journée ne va pas être facile. Mon dernier livre – *Journal d'hier et d'aujourd'hui* –, où je parle un peu du fonctionnement du jury Femina, est sorti depuis quinze jours, et même si aucune de ces dames, auxquelles il a été dûment envoyé, ne m'a depuis lors écrit ni téléphoné, je sais qu'elles n'approuvent pas mes dires sur certaines de nos délibérations : à notre dernière réunion, elles m'ont décerné une sorte de « blâme », sans plus.

On peut néanmoins considérer l'incident comme clos, d'autant plus que nous avons, me semble-t-il, bien plus important à traiter.

Je me trompe du tout au tout.

Il fait très beau lorsque le taxi me dépose devant l'hôtel de Crillon, face à la Concorde. Traverser la Seine a été, comme chaque fois, un enchantement. Mais je ne suis pas ici en touriste et je me dirige droit vers le salon Taittinger qui nous est réservé pour cette séance capitale.

Déjà, quelques journalistes, appareil photographique en main, sont présents. Un homme se dirige vers moi, c'est l'écrivain

Jacques Chessex, ancien prix Goncourt : il tient à me dire combien il apprécie mes livres, et me demande mon adresse pour m'écrire. Ce qui me réconforte après ce voyage matinal de près de six heures.

Arrivée la première de ces dames, je suis également accueillie par la secrétaire du prix, Anne de Caumont : nous nous asseyons un instant et elle en profite pour me dire qu'à son sens je passerai à la postérité, ce qui n'est pas donné à tout le monde, et qu'elle m'admire ! Après lui avoir répondu que la postérité n'est pas mon souci, que je n'aspire qu'à gagner et conserver la confiance de mes lecteurs, je la remercie pour son amabilité qui achève de me rasséréner : tout s'annonce aujourd'hui sur le ton de l'amitié.

Quelle erreur !

C'est par deux, trois, en bavardant entre elles, qu'arrivent les autres dames – dix au total, car Viviane Forrester s'est fait porter malade. Contrairement à nos usages, aucune ne vient à moi pour m'embrasser, et j'ai même le sentiment qu'elles évitent toutes de me regarder en face.

Bon, elles doivent être encore quelque peu irritées par mes propos. La présidente pour cette année-ci, Diane de Margerie, s'impatiente du léger retard de Claire Gallois et déclare que nous allons quand même commencer le tour de table. Régine Deforges vient juste d'entrer et s'est assise à côté de moi. J'ai Mona Ozouf à ma gauche, laquelle ne me regarde pas non plus !

Il faut quatre tours pour parvenir à une majorité, fixée à six : en l'absence de Viviane Forrester, nous ne sommes que onze, car, insiste la présidente, hors la présence effective, il n'est pas de vote possible... Ce qui se trouvera démenti un peu plus tard.

En effet, le vote terminé, une fois les lauréats et leurs éditeurs prévenus par téléphone, les maîtres d'hôtel s'apprêtent à nous servir le premier plat quand Diane de Margerie, assise en face de moi, prend la parole :

« Maintenant, Madeleine, il s'agit de toi. Ce que tu as écrit est intolérable, nous ne voulons plus t'avoir parmi nous : tu as le choix entre la démission et l'exclusion ! »

C'est drôle comme le cerveau travaille vite dans ces cas-là. Est-ce le cerveau, d'ailleurs, ou le cœur qui parle ? En fait, l'être tout entier fait le point en un éclair avec tout son passé, son histoire, ses valeurs, ses choix d'avenir… Ses humeurs aussi, car voici que je me mets à rire ! Le ton courroucé de Diane me rappelle, en classe, celui de mes maîtresses…

« Je ne vois pas pourquoi je démissionnerais, je ne me sens pas coupable ! C'est dérisoire…

– Dans ce cas, nous allons voter pour ton exclusion. »

Claire et Régine s'exclament à peu près en même temps.

« Mais c'est de la censure ! se récrie Claire. Vous censurez un livre, celui de Madeleine… Elle a bien le droit d'écrire ce qu'elle veut ! »

Régine, hors d'elle, péremptoire, catégorique, s'insurge à voix forte :

« Si vous faites ça, je démissionne et je pars avec Madeleine ! »

La présidente du jury – faut-il dire du tribunal ? – reprend d'une voix claironnante :

« Parler de ce qui se passe au cours de nos réunions est contraire aux statuts ! »

Je me rappelle alors que, pour les changer, ces statuts, ou les conformer aux désirs ou aux nécessités du moment, nous avons souvent voté à main levée : notre règlement est pour le moins élastique !

« Ces statuts datent de Mathusalem. Aujourd'hui, ils sont devenus complètement ringards ! proteste Claire.

– Vite, il faut qu'on déjeune avant l'annonce du prix aux médias ! Mesdames, on se dépêche, dites chacune ce que vous avez à reprocher à Madeleine, puis on vote ! » assène la présidente qui semble suivre un plan bien préparé à l'avance.

L'une après l'autre, mes consœurs, la plupart toujours sans me regarder, explicitent les raisons de leur colère : d'après elles, je les ai trahies ! Et de sortir crayon et papier.

« Ah non, lance Régine, ayez au moins le courage de vos opinions, votez à main levée ! »

L'injonction n'est pas suivie d'effet. Tour de table de la secrétaire pour ramasser les bulletins de vote – au passage, elle me demande le mien, ce qui fait hausser quelques épaules ! Décidés secrets, les bulletins ne le sont pas longtemps : toutes celles de ces dames qui ont voté se sont prononcées pour mon exclusion !

« J'ai à ajouter à nos votes une déclaration écrite de Viviane Forrester », dit Diane en extrayant un papier de son sac et en nous le lisant.

Ma consœur a donc le droit de voter bien que absente ! Il y a encore peu, elle m'assurait par écrit de son amitié et même de son admiration, et elle sait plus qu'une autre, pour avoir traversé la guerre en tant que juive, ce qu'est une mise à l'index. Pourtant elle déclare noir sur blanc qu'elle est pour ma démission, ou, à défaut, pour mon exclusion !

Deux participantes ont toutefois refusé de voter : Claire Gallois, toujours aussi indignée, et Mona Ozouf, laquelle, ayant voté une exclusion du temps où elle était aux Jeunesses communistes, déclare s'en repentir encore. Elle ne tient pas à se sentir à nouveau coupable – peut-être est-ce pour préserver son confort moral – mais il n'empêche qu'elle déclare sans barguigner mon comportement condamnable !

J'ai le temps de repenser, l'espace d'un flash, que j'avais pris son parti et tenté de la consoler, il y a quelques mois, quand l'une d'entre nous, lui reprochant son vote, avait trouvé moyen de la faire pleurer... Oublié, mon mouchoir confraternel !

Régine s'est levée :

« C'est un procès stalinien ! La censure, je sais ce que c'est, j'en ai souffert, je suis passée plusieurs fois devant la 17e chambre correctionnelle pour avoir publié des livres à l'époque interdits ! Je ne la supporte pas ! Je ne resterai pas ici une minute de plus : je démissionne ! Viens, Madeleine, je t'emmène déjeuner ailleurs ! »

Nous saisissons nos sacs et nous dirigeons vers la porte.

Je me retourne pour considérer une dernière fois ce comité dont j'étais l'une des doyennes. Élue après Benoîte Groult et Diane de Margerie en 1981, j'y siégeais depuis vingt-cinq ans : le quart de sa durée. Fondé en 1904 par une quarantaine de femmes qui se voulaient libres dans leur pensée comme dans leurs paroles et leurs écrits, le jury Femina compte aujourd'hui cent deux ans. J'ai pu réussir à faire célébrer son centenaire au ministère de la Culture, ce dont on m'a fort remerciée à l'époque. Aujourd'hui, les mêmes me remercient à nouveau – mais autrement ! « Comme une domestique qui aurait chapardé... », écrira Régine dans *Le Figaro.*

Les excluantes s'apprêtent à déjeuner face à leurs couverts, à leurs coupes de champagne... et avec deux chaises vides.

C'est alors que Victor Hugo – le poète qui endura l'exil pour avoir exprimé sa pensée – vient à ma rescousse ! Le célèbre vers de *Ruy Blas* surgit dans ma mémoire et je lance à la cantonade : « Bon appétit, mesdames ! » Régine reprend la réplique

– pour l'une comme pour l'autre, ce sera notre dernier mot au jury Femina !

Nous ouvrons la porte. Une nuée de journalistes, caméras et micros au poing, nous encerclent :

« Alors, ça y est ? Le prix est décerné ? À qui ?

– Ce n'est pas du prix qu'il s'agit, s'exclame Régine, de plus en plus remontée. L'événement, c'est que Madeleine Chapsal vient d'être exclue du jury Femina, et que moi, je démissionne ! »

Est-ce d'entendre formuler la sentence qui me rejette ou de me trouver la proie d'autant de regards, harcelée de questions stupéfaites : « Mais pourquoi ? Pourquoi ? » Mes jambes se mettent à flageoler ; j'éprouve comme un vertige et dois m'accrocher au chambranle d'une porte pour ne pas tomber.

« Parce qu'elle a écrit la vérité, poursuit Régine. J'ai lu son *Journal* et je peux vous assurer qu'il n'y a pas de quoi fouetter un chat ! Ce qu'on vient de lui faire n'est autre qu'un procès stalinien. »

Du coup, c'est moi que ces mots fouettent, et je commence à regretter de ne pas y être allée plus fort ! Cette pensée m'aide à me reprendre, mes jambes se raffermissent et c'est droites et fières que nous nous dirigeons toutes deux d'un même pas vers l'une des salles à manger de l'hôtel.

Tout le temps, relativement court, qu'a duré l'incident, j'ai pu considérer les deux maîtres d'hôtel qui se tenaient figés sans oser servir. Je les connais depuis longtemps, ils m'ont toujours accueillie avec une amicale courtoisie et, seuls hommes présents à notre réunion, ils semblaient consternés par ce que mes consœurs étaient en train de m'infliger. C'est sur ces gens-là, lesquels, depuis leur place d'observateurs, voient et jugent tout, qu'on peut compter pour faire la part des choses…

En l'occurrence, on voyait qu'ils étaient contre !

Comment étais-je entrée dans ce jury ? À la fin des années 70, après avoir terminé une première analyse, avoir rompu avec un homme que j'avais aimé, je me sens légère, comme rajeunie! Ce qui fait que lorsque Marie Susini me propose d'entrer au Femina, je commence par refuser. Je ne me vois pas dans le rôle d'une de ces drôles de dames que je jugeais, comme tout le monde à l'époque, un peu ridicules dans leur rôle de grandes prêtresses des lettres. Pourquoi pas aussi couronnées d'un chapeau vert ?

Là-dessus, sans préavis d'aucune sorte – je ne savais même pas que Jean-Jacques Servan-Schreiber avait l'intention de vendre le journal –, je me fais virer de *L'Express* – déjà une exclusion ? – par son tout nouveau propriétaire, Jimmy Goldsmith. Le financier venait de racheter le journal que j'avais à ma manière aidé à faire naître, dans lequel j'avais écrit depuis le premier numéro, en mai 1953. Par la suite, j'avais largement contribué au succès de ses pages littéraires, en particulier par mes entretiens avec les très grands écrivains de l'époque, de Bataille à Giono, Céline, Sartre, Breton, Malraux, Sagan, Beauvoir, etc.

Mais M. Goldsmith ne voulait plus conserver qui que ce soit de ceux qui avaient fait de *L'Express* le grand hebdomadaire qu'il était. Ces personnes talentueuses et dévouées de l'ancienne équipe risquaient trop de rappeler une première et grande époque, désormais révolue. Encore plus quand ils avaient, comme moi, été très proches de Jean-Jacques. Sans doute craignait-il que le journal qu'il venait d'acquérir au prix fort ne fût pas tout à fait le sien... À tort ? À raison ? Une vague de renvois différés suivit le mien. Et *L'Express*, peu à peu vidé de ce qui avait été son âme, devint, au fil des années et des changements de propriétaire, ce qu'il est aujourd'hui. À chacun d'en juger…

Pour moi, je me rappelle précisément le sentiment que j'éprouvai en ce jour de 1978 en me retrouvant pour la dernière fois dans l'ascenseur qui, des luxueux bureaux du nouveau grand patron, me ramenait au bas de l'immeuble de la rue de Berri, puis sur le trottoir : immense était ma surprise – je ne m'attendais guère à être renvoyée –, grosse ma déception – Jimmy Goldsmith n'avait donc pas la moindre estime pour mes capacités ? En même temps, tandis que je traversais les Champs-Élysées, une sorte de petit vent léger soulevait ma jupe et me caressait le visage : celui de la liberté !

C'est à peu près dans les mêmes termes que ceux employés par ces dames du jury Femina que le nouveau patron du journal où j'avais été comme chez moi aussi longtemps qu'au jury Femina – vingt-cinq ans : coïncidence… – m'avait assené : « Ou bien vous démissionnez de votre plein gré et vous partez avec vos indemnités, ou je vous fais un procès au motif que vous avez écrit un article dans un autre magazine… »

Effectivement, j'avais commis un article sur la situation des femmes dans *Marie-Claire* avec l'approbation de ma rédaction en chef. Ce que j'aurais pu prouver et même plaider… Mais la façon dont cet homme me parlait ne me donnait pas la moindre envie de continuer à travailler pour lui. « Très bien, je m'en vais ! » dis-je, et je me levai de mon fauteuil club – lui était assis sur le canapé – pour me diriger vers la sortie avec une telle précipitation que, étonné, il me suivit jusqu'à l'ascenseur devant lequel il me lança, gêné : « Qui sait, nous retravaillerons peut-être ensemble ?… »

Ce qui n'advint pas.

Je me retrouvai donc au chômage, cherchant du travail. Je ne vivais que de ma plume, sans pension maritale, et tous les journaux, de *France-Observateur* au *Monde*, de *Paris-Presse* à *Marie-Claire*, à *L'Expansion*, etc., tandis que je pointais chaque semaine à l'ANPE, me répondirent – j'ai conservé leurs lettres – qu'ils n'avaient aucunement besoin de mes services.

Voilà pourquoi, m'accrochant à ma plume et poussée par la nécessité, je devins romancière ! Frustrée au début, car, depuis mes vingt ans, j'adorais mon métier – le journalisme – et il me coûtait beaucoup de ne plus pouvoir publier le moindre article sur des livres.

Et aussi de ne plus les recevoir, ces livres qui, avec l'amour, occupaient ma vie, car les éditeurs, sitôt qu'ils s'avisèrent que je ne pouvais plus leur être d'aucune utilité, cessèrent illico de m'envoyer les leurs (sauf les Éditions de Minuit).

C'est qu'on a tôt fait d'être marginalisé dès que le « milieu » a le sentiment qu'on n'exerce plus le même pouvoir : tiens, après notre dernière séance au Femina, ni Régine ni moi n'avons reçu les traditionnels bouquets de fleurs qu'envoient les éditeurs couronnés à tous les membres du jury sans exception, quel qu'ait été leur vote. Or ni Actes Sud, qui a reçu le prix du Roman pour *Lignes de faille*, de Nancy

Huston, ni Grasset, qui a obtenu celui de l'Essai pour *Qui dit je en nous ?*, de Claude Arnaud, n'ont jugé bon de se mettre en frais pour des personnes qui ne voteraient plus l'année prochaine ! Inélégance mesquine, analogue à celle qui avait suivi mon exclusion de *L'Express*...

C'est alors que je la subis que me revient en mémoire la proposition de Marie Susini et que je décide de l'accepter. Il leur manquait justement un membre, l'une d'entre ces dames étant décédée, et, comme Marie me le confirma, je fus élue à l'unanimité.

Ce me fut un baume : il y avait donc des personnes hautement qualifiées dans le milieu littéraire pour reconnaître la valeur de ce que je pouvais apporter par mon travail de critique et même d'écrivain, quoique je n'eusse encore publié que trois romans. Il existait ainsi, hors la presse, un lieu où l'on m'appréciait. Et même où l'on m'aimait.

De séance en séance, d'année en année, j'appris à faire connaissance avec mes premières consœurs, je me délectai de leur esprit tout fait de finesse, de subtilité, de charme, de classe, de talent – ce dont leurs ouvrages témoignent –, sans compter, chez certaines, un humour parfois ravageur. Nous nous réunissions à l'époque au Cercle Interallié, rue du faubourg Saint-Honoré, dont l'une d'entre nous, la duchesse de La Rochefoucauld, était vice-présidente, et nous avions pour secrétaire un homme aussi cultivé que charmant, Jacques Nels, qui devint vite un ami.

En plus de la terrible Marie Susini – Corse, elle ne mâchait pas ses mots ! –, nous comptions parmi nous Suzanne Prou, Dominique Aury, Renée Massip, Zoé Oldenbourg, toutes de fortes personnalités et de véritables écrivains.

Les séances étaient relativement rapides, car ces dames ne se perdaient pas en vaines considérations : chaque ouvrage était brièvement et clairement présenté, jugé, estimé par chacune à son aune. La duchesse nous amusait, car elle commençait, à chaque rentrée littéraire, par nous vanter les mérites d'ouvrages de ses amis, tous aristocrates, pour vite les abandonner, sachant par avance qu'elle ne serait pas suivie ; mais elle avait fait ses politesses.

Dire que ces dames-là n'étaient pas « sous influence » serait faux : aucun jury littéraire dont la plupart des membres travaillent pour des maisons d'édition, sans compter qu'ils y sont forcément publiés, n'est exempt de « pressions ». Plus ou moins discrètes, plus ou moins acceptables et acceptées... C'est l'inéluctable règle du jeu, inhérente au « système ».

Dominique Aury n'en faisait pas mystère : « J'appartiens à la maison Gallimard et à la NRF depuis toujours... Je suis au comité de lecture et, comme telle, je contribue à la publication de beaucoup des livres qui nous sont aujourd'hui soumis ! Donc je les trouve bons, donc c'est pour eux que je vais voter... Je ne vois pas comment il pourrait en être autrement sans me dédire ! »

Dominique votait donc systématiquement Gallimard, et quelques autres dames, impressionnées par son autorité, la suivaient allégrement dans ses choix. N'empêche : il y eut çà et là des prix décernés à d'autres éditeurs, et de toute façon entendre ces expertes parler des livres qu'elles aimaient ou critiquaient était pour moi un enchantement.

La plupart, n'étant pas toutes jeunes, disparurent l'une après l'autre – à chaque fois à mon grand regret. Certaines se retirèrent d'elles-mêmes, par fatigue ou par incapacité de poursuivre une tâche qui peut se révéler très lourde : ainsi Renée Massip qui perdait la vue et ne pouvait plus lire tout son saoul.

Quand venait le moment de les remplacer, les débats se faisaient âpres tant le fait d'avoir une personne de plus dans sa manche comptait pour certaines maisons d'édition… Après maintes luttes et discussions, j'eus la satisfaction de réussir par deux fois à faire élire des femmes auxquelles je tenais énormément, dans l'intérêt même de notre jury : Régine Deforges et Françoise Giroud.

Non sans mal. On me remontra que l'une, Régine, était avant tout un « écrivain populaire » – eh bien, tant mieux ! –, tandis que l'autre, Françoise, était déjà trop âgée, alors même qu'elle poursuivait et a poursuivi jusqu'à son dernier souffle une brillante carrière de mémorialiste et de journaliste !

Mais il arrive que les femmes entre elles – j'allais en faire l'expérience – ne soient pas, mais pas du tout tendres ! Disons qu'elles peuvent même se révéler carrément féroces.

À l'instigation de l'actuelle présidente – laquelle semble bien s'y connaître en procès –, avant de passer au vote qui va m'exclure, chacune de ces neuf dames déclina à tour de rôle ses arguments en ma défaveur.

J'en suis aussi suffoquée que si j'assistais à une scène de film – *Douze Hommes en colère ? Les Sorcières de Salem ?* – et, sur le coup, je ne retiens guère ces paroles peu amènes.

L'une émet quand même un doute : « Je me demande si exclure Madeleine ne risque pas de nous faire plus de mal que de bien… »

Il était question d'elles, bien sûr. Aucune ne se demandant si elles n'étaient pas en train de me faire du mal, à moi, laquelle

– contrairement à la majorité de ces dames – vit seule, sans famille proche, sans travail, sans réunions, sans participation à quelque équipe que ce soit dans une maison d'édition ou un journal, et qui éprouvait donc quelque réconfort à appartenir à ce « club » littéraire.

Lequel se réunit régulièrement dans le cadre luxueux de l'hôtel de Crillon, où j'ai pu, grâce à mes amitiés, les faire admettre après le décès de la duchesse qui rendait aléatoire l'hospitalité du Cercle Interallié. Mais non, aucune mémoire, aucune gratitude, aucune circonstance atténuante : un jury littéraire s'est transformé en jury d'assises…

Un argument surnage : « Comment pourrons-nous continuer à parler librement et à dire vraiment ce que nous pensons si nous savons que cela risque d'être répété ? »

Ne rions pas, ni vous ni moi ! Aucune de ces dames – prudence oblige ! – ne dit réellement ce qu'elle pense au cours de réunions parfois survoltées, truffées de mines qui n'exploseront pas… Et aucune ne s'interdit, en en sortant, de répéter ce qui lui semble aller dans le bon sens – celui, comme de juste, de ses intérêts propres.

Ces révélations d'après-coup, orientées ou non, je ne les critique pas, bien au contraire : se refuser à ce que ce qui a été dit en petit comité soit publiquement révélé, c'est même contre quoi je m'insurge ! C'est le point sur lequel ces dames et moi divergeons foncièrement : pourquoi vouloir dissimuler ce qui détermine nos choix ? Pourquoi cacher que l'une ou l'autre a détesté Littell, mollement aimé Huston, adoré Arnaud ? Ces positions plus ou moins bien argumentées – « Sublime ! », « Chef-d'œuvre ! », « Son précédent était meilleur… », « Passionnant, mais mal écrit », « Ne vaut pas tripette », etc. intéresseraient sûrement les futurs lecteurs !

Leurs propos nuiraient-ils à celles qui les ont proférés ? Auprès de qui ? Nous ne sommes pas des béni-oui-oui, en tout cas nous ne devrions pas l'être. Mais la vérité dérange, on le sait depuis toujours, on la fuit même, et surtout dans ces lieux protégés.

Or à quoi sert-il de se trouver dans une position d'exception si ça n'est pas pour en profiter pour dire le vrai ? Quel aveu, si c'est par peur des sanctions : cela signifierait qu'il risque d'y en avoir ? Mais de la part de qui ? De quels grands « patrons » dissimulés dans la coulisse ?

Chaque fois qu'on me félicite pour mes quelques mots sur nos délibérations, mes interlocuteurs ajoutent aussitôt : « Bravo d'avoir dit la vérité ! »

Les gens le perçoivent et le déplorent : la vérité est ce qui fait le plus défaut dans la vie publique, comme dans ce qu'on peut appeler la « vie des lettres ». Un fait chez nous d'autant plus paradoxal que tous ces écrivains, morts ou vivants, auxquels nous nous référons sans cesse au cours de nos discussions, à qui nous nous faisons un devoir de rendre hommage en tant qu'exemples d'esprits libres, que nous prenons pour modèles en attribuant nos prix d'aujourd'hui, se sont arraché les tripes – à leurs risques et périls – pour écrire, dévoiler, publier la vérité !

Alors, sans aller jusqu'à la mise en danger de soi – d'un Villon, d'un d'Aubigné, d'un Molière, d'un Pascal, d'un Voltaire, d'un Hugo, d'un Zola au moment de l'affaire Dreyfus, sans oublier JJSS ou Pierre-Henri Simon condamnant la pratique de la torture en Algérie –, ne pourrait-on se montrer un peu plus hardi ?

Il arrive que ce soit après leur mort que ces délivreurs de vérités soient félicités, portés au pinacle pour avoir bravé le pouvoir, l'opinion, révélé des scandales, fait progresser les mœurs, la société, mais nous autres jurés, nous n'aurions pas à faire de même ? Et ce de notre vivant ?

En tout cas, pas moi en tant qu'écrivain ! Moi, je suis censurée !

Curieuse façon de servir ce qu'on appelle la « littérature » : s'employer à la garder sous un couvercle bien vissé.

La Littérature à l'estomac, écrivit Julien Gracq qui, dès 1949, dénonçait le système des prix. Au Crillon, où l'on m'accusera de

« cracher dans la soupe », les estomacs vont certes bon train – soyons justes : sauf le jour du mouton mal cuit, les mets y sont excellents ! –, mais pas l'« estomac » au sens d'en avoir, au sens de courage.

L'annonce de mon exclusion – à ma connaissance je suis le seul juré à avoir été exclu d'un jury littéraire – et de la démission de Régine Deforges ayant été diffusée en direct par la télévision, sortie du Crillon où j'ai reçu maintes embrassades et même des témoignages d'affection de la part des journalistes et des photographes, je rentre chez moi, encore secouée. Là, une surprise m'attend, qui va dans le même sens, celui de l'enthousiasme !

Un flot continu d'approbations, de compliments, de messages de soutien commence de m'assaillir au point que je dois mettre mes deux lignes sur messagerie. Les témoignages se succèdent à Paris, puis, quelques heures plus tard, à Ré où je m'en suis retournée, tard dans la nuit de ce 30 octobre. Dès le lendemain, les coups de téléphone continuent d'affluer : près d'une quarantaine par jour.

David, me servant à l'occasion de standardiste, riait : « Quand je pense que je suis venu ici me mettre au calme et que je me retrouve au cœur d'un tourbillon médiatique ! » Un cameraman de France 3 et une journaliste débarquent même de La Rochelle pour me filmer. À Saintes, à Paris, le courrier, les fax s'accumulent.

Le week-end suivant, c'est à la fête du Livre de Brive qu'on vient à moi : je ne suis pas plus tôt descendue de voiture, en route vers le Salon situé sur la place du marché, qu'un homme m'aborde : « Bravo, madame, pour votre cran… » Je me dirige vers mon stand, et en voici un autre : « Je vous félicite, il n'y a que les femmes pour avoir ainsi le courage de la vérité ! »

Quelques personnes, des éditeurs, des auteurs, m'acclament de derrière leurs stands. Tout ce temps, je me pose des questions, tente de comprendre. Qu'ai-je donc fait de si extraordinaire, sinon, comme d'habitude, transcrire par écrit mon sentiment ? En réalité, depuis quelques années, aux séances du Femina, j'en ressentais bien plus que je n'en ai dit. Mon assistante, Josette, me l'a d'ailleurs confirmé : « Chaque fois que tu revenais d'une de ces réunions, tu étais mal dans ta peau. »

Pourtant, peut-être naïve, je n'ai été témoin d'aucune magouille, d'aucune pression ouverte, d'aucune manœuvre délictueuse… C'était un ensemble : un insidieux changement de climat depuis mon entrée dans ce comité, en 1981.

Par la suite, ayant fait élire Régine Deforges, puis Françoise Giroud, j'ai voté pour quelques-unes des nouvelles, dont Solange Fasquelle : j'étais heureuse qu'elle vînt remplacer sa mère, la duchesse de La Rochefoucauld, une grande dame, elle.

Alors, pourquoi cette impression que le Femina n'était plus le même ?

Il m'a fallu plusieurs jours pour trouver un début de réponse : les jurés actuels se prennent bien trop au sérieux ! Un jour par an, elles s'attribuent un rôle capital dans le domaine des lettres du fait qu'elles décernent quelques prix, c'est-à-dire des bons points comme on en distribuait jadis en classe aux élèves méritants. Contribuant de la sorte, pensent-elles, à l'enrichissement du patrimoine littéraire – ce qui est vrai des lauréats ! –, croyant en somme participer elles aussi à la création des œuvres soumises à leur approbation. « Que vont en dire les dames du Femina ? » : certains auteurs n'auraient-ils pas en permanence cette préoccupation à l'esprit cependant qu'ils rédigent leur futur roman ?

Dans mon *Journal*, en traitant ces jurés – moi comprise – avec une certaine désinvolture, aurais-je donc commis un crime de lèse-Femina ? Pour ma part, je ne me suis jamais prise au sérieux, du moins dans cette fonction. Régine non plus. Françoise Giroud pas davantage. Que de sourires de connivence n'échangions-nous pas, toutes trois, après telle ou telle « sortie » d'une des nouvelles... Lesquelles souffrent d'un manque d'humour caractérisé, ainsi que l'a révélé Régine Deforges dans *Le Figaro*.

Comme je leur répétais : « Où est votre humour ? », aucune réaction de leur part, pas même un sourire. Même morgue et même indifférence lorsque je leur ai jeté avant de quitter le salon du Crillon : « Tout ceci me paraît bien dérisoire à côté de ce qui se passe dans le monde ! »

C'est que, d'après elles, leur « honneur » était en jeu, à ce que clamait la présidente. En fait, leur statut au sein du petit milieu parisien.

David m'a aidée à le comprendre : « Des enquêtes menées aux États-Unis ont conclu que ce que les gens craignent aujourd'hui par-dessus tout, ce dont ils ont le plus peur, c'est le déclassement, perdre leur statut. »

Aujourd'hui, je me pose la question : est-ce moi, l'exclue, qui ai perdu mon statut social ? Ou ne seraient-ce pas ces dames, en se livrant à un acte de rejet condamné par une grande partie du milieu dont elles se réclament et par l'ensemble du public ?

Même par ma sœur, avec laquelle j'étais dans le silence depuis vingt ans : « Ta semaine est tragique. Je t'ai accompagnée en pensée lors de la remise du Femina ; une mise à mort programmée, abjecte. »

Fallait-il que je perde onze consœurs pour retrouver l'amour de ma sœur ?

Une chose en tout cas est sûre : le jury Femina, lui, a perdu de sa crédibilité.

Pour moi, je me suis contentée d'effleurer un abcès dont j'ignorais l'existence – et il a crevé tout seul.

De cette vingt-cinquième fête du Livre à Brive il me reste le souvenir de la grande vague de sympathie qui m'a entourée et portée. À tel point que, par besoin de réfléchir, de me « laver », j'ai recherché la solitude : par deux fois je suis allée m'enfermer dans ma chambre. Le premier soir, celui de mon arrivée, j'y ai dîné de fruits. Le samedi, à l'heure du déjeuner, après m'être ravitaillée au magnifique marché installé sur la même place que le chapiteau des écrivains, j'y ai également mangé seule. À Brive, on achète le foie gras à la tranche, comme ailleurs le jambon, et celui-là, exquis, était aux figues. Accompagné de fromage du Cantal – mes aïeux d'Aurillac ont dû m'en transmettre le goût, mêlé à mes gènes d'Auvergnate ! –, d'un peu de pain à l'épeautre et de poires comices, je ne pouvais rêver mieux.

D'heure en heure, je sens que je m'apaise, et lorsque Patricia, notre accompagnatrice, me propose de dîner avec tous les auteurs Fayard dans la salle voûtée de la Truffe noire, j'accepte. Il y a là plus d'hommes que de femmes ; je suis assise à côté de Jean-François Kahn et de Benoît Duteurtre, face à Patrice Dard, le fils de Frédéric, non loin de Benmalek, le remarquable écrivain algérien. Leur conversation, brillante et drôle, porte sur les événements du monde au sens large, non sur les potins du milieu littéraire – ce qui fait que je m'y oublie.

Tôt levée, le lendemain, je suis seule dans la salle de l'hôtel pour le petit déjeuner – comme le plus souvent à ces heures-là – quand un homme vient à moi :

« Vous aussi, lui dis-je, vous aimez les petites heures du matin ?

– Pas spécialement, mais j'ai un avion à prendre. Je suis le rédacteur en chef du journal *La Montagne*. »

Nous causons, parlons de la fête du Livre.

« Il n'y a jamais eu autant de monde à notre fête que cette année », remarque-t-il.

Je rétorque : « Comme il y a rarement eu autant de champignons ! »

Il confirme et m'apprend que si l'on a manqué de quelque chose ici, c'est de bocaux pour mettre les cèpes en conserve !

Propos comme je les aime, à partir de menus faits, de détails concrets. Puis cet homme aimable me quitte et j'achève seule mon café avec la lecture des journaux du dimanche.

Plus tard, sous le chapiteau, ma signature reprend à un rythme tel que je n'ai presque plus de livres. On dirait que tout le monde est au courant de ce qui vient de se passer au Femina, que, pour le public, c'est comme une porte trop longtemps verrouillée qui se serait enfin ouverte, et qu'on tient à m'en remercier. Que cette même porte se soit refermée derrière moi apparaît comme un bienfait... Qu'avais-je à continuer d'être là ?

Après avoir fait face à tant d'élans et de compliments, sans attendre le train du Livre qui doit ramener le soir tous les écrivains parisiens, je décide de prendre le précédent. Quelques personnes m'accompagnent, dont Chantal Terroir, attachée de presse des éditions Ramsay, Jean Favier, ex-directeur de la Grande Bibliothèque. Parmi ces gens chaleureux, lesquels potinent gaiement dans le wagon qui roule vers Paris, je me détends peu à peu.

À l'arrivée en gare d'Austerlitz, deux jeunes hommes, dont l'un est venu chercher l'autre, proposent de me raccompagner jusque chez moi. Leurs chiens, qui attendent dans la voiture, me font fête – le mien me manque – et, quoique lasse, c'est presque guillerette que je lâche mes bagages dans l'entrée de l'appartement. En même temps, me semble-t-il, que le restant de mes soucis.

À ce moment précis, le téléphone sonne : « Papa vient de tomber malade à Veulettes, il est à l'hôpital de Fécamp. Nous partons tout de suite. »

Mon cœur se serre. Je pressens qu'une autre des portes de ma vie – immense, celle-ci – s'apprête à se refermer à son tour.

Cette nuit-là, je ne dors pas.

Depuis un certain temps, il m'arrivait de me représenter la disparition de Jean-Jacques comme inéluctable. Mais c'était par une sorte de superstition, afin de l'éloigner : je ne pouvais pas y croire, cela ne m'arriverait pas ! Du moins pas tout de suite, pas aujourd'hui, pas demain… Après-demain peut-être, et encore !

Ce jour-là, je me dis qu'après le choc de mon exclusion j'ai encore droit à un sursis. D'autant que rien ne semble préparé en vue d'un tel événement : ce qui m'entoure est comme à l'accoutumée. Ce cadre où nous avons vécu treize ans ensemble, mes objets, mes gestes, jusqu'aux battements de mon cœur, tout est identique à ce que c'était hier.

Sauf que, la nuit suivante encore, je ne dors pas. Je guette malgré moi la sonnerie du téléphone.

Quand je décroche, c'est la voix de Franklin. Aux premiers mots, elle me paraît comme d'habitude, chaude et proche, et je m'attends à ce qu'il me dise : « Cela va mieux. »

Hélas, c'est le contraire : « Papa vient de partir. Heureusement, nous étions là. Il n'a pas souffert. »

Ses mots cherchent à me rassurer – sur son sort à lui. Ainsi en était-il concernant Jean-Jacques : il nous fallait qu'il fût bien pour nous sentir non pas mieux, mais dans le droit chemin.

Suivent quelques détails que j'enregistre pour plus tard. Là, je suis anesthésiée. Je me lève, vais et viens dans cet appartement où tant de choses, de plus en plus fort, me parlent soudain de lui.

Que j'y suis seule !

J'aimerais rejoindre ceux qui se trouvent dans le même état d'abasourdissement que moi.

Un autre coup de téléphone m'en dissuade : une messe solennelle aura lieu à Paris, où le corps de Jean-Jacques sera ramené. Ensuite nous nous rendrons ensemble à Veulettes pour l'inhumation.

Ces mots, « corps », « messe », « inhumation », tournent dans ma tête sans prendre sens : je n'arrive pas à les appliquer à cet homme qui, pour moi, incarnait la vie. Il faut que j'achète *Le Monde*, premier journal à annoncer la nouvelle avec une très belle photo de Jean-Jacques jeune sous le titre : « Patron de presse, essayiste et réformateur, "JJSS" est mort », pour que je commence à y croire.

Quelle étrangeté ! C'est à la une du *Monde*, à vingt-quatre ans, que Jean-Jacques fit paraître le premier des articles qui instantanément allait le faire connaître.

Aujourd'hui, c'est dans ce même journal, toujours en première page, qu'est annoncée sa disparition.

Un cercle se referme.

En particulier sur moi.

C'est alors qu'en comparaison la toute récente affaire du Femina, avec le bruit qu'elle a provoqué, prend sa vraie dimension : celle d'une pauvre comédie.

Tout malheur, tout drame a ses trêves, ses échappées. Ses consolateurs, aussi. Comme on me sait seule chez moi, on me téléphone d'un peu partout, proposant de me rendre visite et de m'apporter ce qui pourrait me manquer.

Mais je sais qu'on ne voudra qu'évoquer Jean-Jacques, me questionner sur ma vie avec lui, sur la dernière fois que je l'ai vu, les circonstances de son décès, l'état de ses fils, celui de sa femme Sabine – toutes choses auxquelles je pense trop pour avoir envie d'en parler.

Toutefois, quand un homme, ne faisant pas partie de ma vie, ne connaissant ni Jean-Jacques ni les miens, propose de m'emmener me promener à Bagatelle, j'accepte aussitôt.

Ce jardin, je le connais depuis toujours, et si j'y ai des souvenirs heureux, et même tendres, je ne m'y suis jamais trouvée avec Jean-Jacques. Encore jeunes fiancés, il nous est arrivé d'aller nager au Racing dont nous étions membres, ou de monter à cheval au bois de Boulogne. Ce que nous n'avons plus jamais fait une fois mariés : trop de travail ! Quand nous voulions nous mettre au vert, c'était à Veulettes, chez ses parents, ou chez ma mère, dans le Limousin, ou au Rayol, dans le Var, chez une amie.

Le parc de Bagatelle reste donc pour moi un lieu vierge de souvenirs de l'« homme de ma vie », et, sa grille franchie, je reprends ma respiration. Doucement d'abord, appuyée au bras de mon compagnon, puis plus largement à mesure que nous nous enfonçons par les allées que dore l'automne jusqu'au cœur délicat du jardin : sa roseraie.

Je la connais bien et je l'ai décrite dans l'un de mes romans : *Les Roses de Bagatelle*. Mais, tel un être vivant qui évolue avec le temps, elle n'est jamais la même. En ce jour de novembre, touchante d'être presque défleurie, elle se prépare à hiverner. Toutefois, les roses qui demeurent ont une couleur et un parfum comme approfondis. *Et la rose d'automne est plus qu'une autre exquise*, disait Agrippa d'Aubigné. (Était-ce un compliment à l'adresse d'une femme fléchissante ?)

Dans ce parc où m'émerveille la vue de majestueux arbres, séquoias, érables, platanes, hêtres, chênes, lesquels poursuivent paisiblement une vie parfois centenaire, je n'en oublie pas pour autant Jean-Jacques : j'ai le sentiment qu'il vit en moi. C'est sans doute ce qu'on appelle le « travail du deuil » : on intériorise l'être que l'on vient de perdre jusqu'à pouvoir admettre qu'on ne le reverra plus. En échange, on sent qu'il ne sera jamais loin, jamais totalement absent.

Je sais qu'il est ici.

La semaine dernière – encore si proche –, n'avait-il pas demandé à Sabine de l'emmener à Veulettes sous prétexte qu'il voulait

« voir du vert » ? Ce gazon-là est d'une brillance d'émeraude et je m'enivre de sa beauté, pour lui et pour moi. De même que je m'amuse d'un petit paon mâle à aigrette qui court à pas pressés après sa femelle.

Mon compagnon et moi ne parlons que fleurs, arbres, plantes et même légumes : on cultive à Bagatelle un petit potager où poussent en ce moment des betteraves, des blettes, des choux, comme un rappel que l'être humain ne se nourrit pas que de beauté.

Mais il faut repartir. La discrétion de cet homme m'y a-t-elle aidée ? En remontant dans sa voiture, je sens que j'ai repris des forces – la force – pour ce qui m'attend.

C'est le 9 novembre que le corps de JJSS est ramené à Paris pour la cérémonie officielle qui a lieu à Sainte-Clotilde, l'église sise derrière l'Assemblée nationale. Elle est prévue pour dix-huit heures et quelqu'un doit venir me chercher avec sa voiture vers dix-sept heures trente. À l'heure dite, j'attends sur le trottoir, devant chez moi, tout de noir vêtue, tenant à la main deux des roses que m'a envoyées Florence Malraux après mon exclusion du Femina.

Je surveille toutes les voitures, mais aucune n'est la bonne, et mon angoisse monte : il n'est pas concevable que je ne sois pas à l'heure aux obsèques de Jean-Jacques. À six heures moins vingt, je pars à pied à la recherche d'un taxi, que je ne trouve pas. Mes deux roses à la main, je monte dans l'autobus 63 dont la ligne passe près de l'Assemblée. Le chauffeur – est-ce parce qu'il est noir qu'il se montre aussi sensible, compatissant ? – perçoit mon anxiété et me dit : « Je ferais bien un détour pour vous déposer là où vous allez, mais je n'en ai pas le droit ! »

Sa sympathie souriante et spontanée me réconforte : après tout, il est bon que j'aille à cette cérémonie pour Jean-Jacques mêlée à une foule anonyme, et à pied. Il aurait aimé cette modestie, me dis-je en pressant le pas pour remonter la rue de Bourgogne jusqu'à Sainte-Clotilde.

Devant l'église, personne de connu, rien que des fourgons, des voitures et leurs chauffeurs qui bavardent entre eux : vu l'heure, les assistants doivent être en place. J'entre, l'église est pleine à craquer. Jean-Louis, le frère cadet de Jean-Jacques, parle et je m'avance doucement jusqu'à la hauteur du premier rang où, pour me dissimuler, je m'appuie à une colonne.

Sabine, l'épouse de Jean-Jacques m'aperçoit : tout de noir vêtue, sa blondeur sous un grand chapeau, elle se lève de sa chaise, première du rang face au cercueil, et vient me prendre par la main pour me faire asseoir à côté d'elle.

À cause de mon retard, je me voulais discrète. Or je fais une entrée remarquée, et même, grâce à Sabine, presque théâtrale.

Au passage, je dépose les deux roses de Florence sur le cercueil, lequel est recouvert du drapeau tricolore.

Les discours se succèdent, tous simples, beaux, émouvants. Après Jean-Louis, Michèle Cotta, seule femme à prendre la parole, Sam Pisar, Robert Badinter, Valéry Giscard d'Estaing, puis deux des fils, Émile et David, lesquels sont en larmes dès qu'ils évoquent le décès de leur père.

Si Badinter et Giscard parlent avec simplicité et admiration de l'homme qu'a été Jean-Jacques, de ce qu'il fut pour eux, c'est Émile, son second fils, qui lui rend le plus bel hommage. D'une façon marquante, inoubliable, il déclare qu'il n'est pas justifié de décréter que le destin de son père a été brisé, comme si JJSS, ayant superbement réussi sa carrière journalistique, aurait par contre échoué sur le plan politique.

Faux ! insiste et démontre Émile. Son père a également réussi en politique, mais, comme pour tout le reste, en précurseur, en novateur ! Ce qui fait qu'il n'a pas tout de suite été compris. Il l'est aujourd'hui : il n'y a pas qu'en France, partout la presse, les radios, les télévisions lui rendent un hommage admiratif et unanime. JJSS aspirait à l'entente, au dialogue, à la justice, à la paix pour tous ; il apparaît aujourd'hui qu'il a été entendu plus et mieux qu'on ne le pensait : sa parole résonne et trouve un écho d'un bout à l'autre du monde.

À sa descente de l'autel, le jeune homme, jusque-là impavide, pose un instant la main sur le cercueil, puis vient s'effondrer en pleurs dans les bras de David, son frère aîné. Lequel parle à son tour pour s'adresser directement au défunt. Quand il en arrive à ses derniers mots, « Tu as été un homme, mon père », lui non plus ne peut retenir ses larmes. Elles coulent sur son visage et un autre de ses frères, Édouard, vient le prendre dans ses bras pour le raffermir. Leur mère se joint à leur groupe, debout.

Puis la messe se poursuit, la musique est belle, nous sommes tous figés par l'émotion, personne ne souffle, ne tousse, ne bouge. Le moment venu, nous sommes nombreux à communier.

Après l'*Ite missa est*, le maître des cérémonies demande à Sabine de s'approcher pour asperger le cercueil d'eau bénite. Toujours avec la même grâce et la même fermeté, elle me prend par la main et nous sommes deux veuves face au corps.

M'éloignant, j'embrasse au passage Giscard et Badinter, que je remercie pour leur hommage.

Il a été demandé qu'il n'y ait pas de condoléances ; mais personne n'en tient compte et c'est une lente marée, émue et chaleureuse, qui nous rejoint sur les côtés de la nef pour partager la douleur. Pendant ce temps, le cercueil et ses fleurs regagnent le corbillard – ce qu'aucun de nous n'oublie –, en route vers le pays de Caux et ce qu'on nomme la dernière demeure.

La route qui conduit de Paris à la petite station balnéaire de Veulettes-sur-Mer n'est pas bien longue : à peine deux heures et demie de voiture, mais qu'elle m'est douloureuse aujourd'hui !

Car c'est avec Jean-Jacques que je l'ai prise pour la première fois – j'avais à peine vingt ans –, alors que nous venions de nous retrouver, juste après la guerre, et qu'il tenait à me faire connaître les lieux chéris de son enfance.

Aujourd'hui, si je m'y rends à nouveau, c'est pour l'y enterrer. Pendant des années, j'étais convaincue que je partirais avant lui. Ou alors que nous mourrions ensemble, ce qui souvent a failli nous arriver tant mon jeune mari était pressé en tout, en particulier lorsqu'il nous conduisait sur la petite départementale entre Yvetot et Veulettes !

À quelle vitesse Jean-Jacques lançait la 203 haute sur pattes, doublant dans les tournants… Je me cramponnais – aucune ceinture de sécurité ! – dans une voiture si usée qu'un de ses ressorts un jour m'avait troué la jambe, d'où une cicatrice indélébile. Je la chéris aujourd'hui car mon compagnon, qui n'était pas encore mon fiancé, s'en était tendrement préoccupé.

L'arrivée, par la route haute qui dévale dans la vallée qu'a creusée la Durdent au fil des millénaires, est un enchantement : brusquement c'est la mer, sa digue, sa plage, ses galets, ses hautes falaises sur lesquelles lui et moi nous sommes si souvent promenés à échafauder des projets, dont celui d'un futur journal.

Aujourd'hui l'eau est de trois couleurs : bleue, verte et grise, les vagues à peine écumantes. En saison, drapeau rouge ou pas, Jean-Jacques nous y aurait précipités à sa suite !

Aucune animation sur la digue, personne ne se baigne ni même ne navigue. Je serre frileusement contre mon cou mon col de fourrure – le monde est dépeuplé et je le sais.

Une fois dans la maison située à mi-hauteur, je me contrains à pénétrer dans ce qui fut le bureau de son père, puis le sien. Tant de souvenirs, de photos, de livres, égrenés sur les tables, affichés aux murs. Je m'y sens en familiarité, certains des meubles furent à moi et, en même temps, depuis le divorce, j'en suis exclue : ici ce n'est pas chez moi, mais chez Sabine et ses fils.

L'exclusion de mes anciens territoires serait-elle mon lot ? J'ai eu le temps d'y réfléchir durant ce voyage du souvenir.

En fait, depuis l'exclusion initiale – celle qui consiste à se retrouver expulsé de l'utérus maternel –, tout le monde, une ou plusieurs fois dans sa vie, connaît, a connu ou connaîtra les affres du rejet.

À commencer par Jean-Jacques, lequel en a peut-être enduré plus qu'un autre.

Volontairement exclu de France en 1943, comme pas mal de ses compatriotes, jeunes et moins jeunes, qui fuyaient l'occupation nazie, exclu en 1948 du journal *Le Monde*, son premier support de presse, pour cause de désaccord avec Hubert Beuve-Méry, il débute ensuite une carrière où l'exclusion revient comme un leitmotiv.

Exclu du ministère Chirac en 1974 pour avoir protesté contre les essais nucléaires dans le Pacifique, en 1978 exclu – non réélu – de son siège de député à Nancy, en 1979 laissant la présidence du Parti radical-socialiste, exclu en 1985 du Centre mondial de l'informatique qu'il avait créé, je m'aperçois que Jean-Jacques n'a fait pour ainsi dire qu'aller d'exclusion en exclusion.

Se récitait-il alors les vers du *If* de Rudyard Kipling ? Il les avait affichés dans son bureau : « Si tu peux voir détruit l'ouvrage de ta vie et, sans dire un seul mot, te mettre à rebâtir… » – ce que David, son fils, a cité à Sainte-Clotilde en en transformant la chute : « Tu as été un homme, mon père… »

Il est vrai que tant qu'il a pu, Jean-Jacques, malgré ses exclusions – dont celle qu'il s'infligea à lui-même, en 1977, en vendant *L'Express* –, a poursuivi son chemin de visionnaire et de pionnier. Je crois qu'il n'est pas de plus beau courage que de continuer sa tâche et sa vie après une exclusion de quelque nature qu'elle soit, fût-ce celle de sa propre mémoire.

Sur ce qui en est peut-être la forme la plus tragique – l'exil –, Victor Hugo a écrit des phrases fortes et, comme toujours chez lui, admirables : « Oh ! n'exilons personne ! Oh ! l'exil est impie ! », « J'accepte l'âpre exil, n'eût-il ni fin ni terme… », « L'art et l'exil ! Géants, lutteurs aux grands murmures, blancs d'écume tous deux, ils combattent le sort… ».

Être exclu de sa société par exil, ruine, déchéance, exclu par racisme, préjugés, haine religieuse, exclu de sa famille par divorce, répudiation, mise à l'index, exclu de sa communauté par condamnation, emprisonnement, bannissement… Les formes que peut prendre l'exclusion sont innombrables, parfois éclatantes, parfois dissimulées, comme celles qui tiennent à un handicap, au vieillissement, à une maladie, au désamour, à un deuil, ou qu'on s'inflige à soi-même par autopunition, mésestime.

Françoise Dolto répétait que rien n'est pire, pour un être humain, quel que soit son âge, que d'être abandonné. J'ai vécu un temps avec un homme abandonné – du fait qu'il était né sous X –, et j'ai pu mesurer sa quotidienne souffrance.

C'est pourquoi, à l'inverse, rien n'est meilleur que d'être à nouveau admis, réintégré, repris, réconcilié, réhabilité, re-aimé, réélu... De recouvrer son statut familial, professionnel, social, humain, amoureux, dont une exclusion vous aurait privé.

Pour ce qui est de moi, exclue d'un jury – bien petite et mesquine exclusion ! –, j'ai la chance inattendue d'être fêtée, parfois même acclamée aussi bien par ceux que je connais que par les inconnus qui m'abordent.

À Veulettes, autre chance, je suis accueillie par cette famille en grand deuil qui me reconnaît un statut : celui de première épouse – lequel n'existe pourtant pas officiellement dans notre société.

Je n'ai qu'un souhait : que ce qui vient de m'arriver, après cette exclusion et à l'occasion de ce deuil, m'ouvre le cœur à une meilleure compréhension, à plus de bienveillance et de compassion.

Tandis que je me prépare à partir pour Veulettes afin d'y assister à la mise en terre du corps de JJSS, emmenée en voiture par la compagne d'un de ses fils, je ne cesse de penser à lui. Son esprit, me semble-t-il, rayonne plus que jamais, comme en témoigne l'importance internationale des réactions et des articles de presse qui ne cessent de nous parvenir. Jusque sur Internet.

Pour lui une vie nouvelle vient de commencer, comme ce n'est le cas que pour les êtres d'exception, ceux qui entrent après leur mort dans l'Histoire, voire dans la légende. Pour ce qui était de lui, loin d'y être indifférent, il en parlait, le souhaitait.

J'emporte avec moi treize roses blanches pour nos treize années de mariage civil.

Le mariage religieux, lui, ne peut prendre fin.

Claude Durand me téléphone pour me souhaiter courage. Il ajoute qu'à sa surprise Viviane Forrester dément auprès de la presse lui avoir confié un manuscrit qu'elle lui avait elle-même apporté et qu'il lui a retourné, après le scandale du Crillon, avec ce mot : « Désormais, nos chemins se séparent... » Sans compter sa propre parole, l'éditeur en a pour témoin sa secrétaire, le coursier qui a porté le pli... Alors, à quoi bon nier ? Ce qui est fait ne saurait être effacé. Minuscule tache sur les mains, mais qui risque d'être difficile à laver : l'incident appartient désormais à la petite histoire des Lettres.

Levée à cinq heures, j'ai passé plusieurs heures à tâcher de répondre à mon courrier ; il est de deux styles opposés : condoléances pour le départ de JJSS, félicitations pour mon exclusion du Femina. Parfois on me parle des deux dans la même lettre, avec grande compréhension et respect pour la perte majeure qui risque d'accroître ma solitude.

Jusque-là, je ne me rendais pas vraiment compte combien, pour tant de gens, familiers ou inconnus, nous continuions de ne faire qu'un, Jean-Jacques et moi. Et que ma vie, laquelle a pour l'essentiel commencé avec lui, se termine à bien des égards avec la sienne.

Quand je consulte maintenant mes souvenirs, même les plus personnels, je m'aperçois qu'ils font aussi partie de sa légende. Autant continuer à les écrire, comme je l'ai fait dans *L'Homme de ma vie*, afin qu'ils puissent être partagés avec ceux qui l'aimaient.

Dédiée à saint Wandrille, cet abbé qui vécut au VIIe siècle dans le pays de Caux, la petite église de Veulettes-sur-Mer est à mi-chemin de la falaise. Il faut prendre une route en lacet pour y accéder et, une fois parvenu jusqu'au cimetière qui l'entoure, on aperçoit la mer.

Jean-Jacques aimait, les derniers temps, venir s'incliner sur les tombes de son père, de sa mère, de sa sœur Brigitte, puis il entrait dans l'église y admirer la statue de bois coloré du saint.

En Limousin, quand elle y était, ma mère allait presque tous les jours sur la tombe de sa mère qu'avait sculptée son père, le tailleur de granit. À Saintes, mon père me demandait de le conduire sur celle de son père et de sa seconde épouse, au cimetière Saint-Vivien.

À quoi pense-t-on lorsqu'on est sur les lieux où l'on présume – pour l'avoir demandé – que son corps sera inhumé un jour, auprès de ce qu'il reste de ceux que l'on a aimés et qui vous ont précédé dans la mort ?

Pour ma part, je sollicite leurs mânes de me soutenir et de m'accompagner jusqu'à ma dernière heure. Parfois on la voudrait proche, parfois moins : tout dépend de quel côté penche à ce moment-là la balance de l'amour – vers ceux qui sont partis ou vers les vivants qui ont besoin de nous ?

Jean-Jacques se savait très aimé, on le lui prouvait tous les jours et il prenait plaisir à nos présences successives. Mais il perdait de sa vitalité, et puis il avait toujours dit ne pas craindre la mort. Je me souviens de François Mitterrand, un jour que je déjeunais à sa droite à Soubise, en Charente-Maritime, se penchant vers moi pour me demander : « Vous croyez vraiment que Jean-Jacques est sincère quand il dit ne pas avoir peur de la mort ? Une telle chose est-elle possible ? – Monsieur le Président, je crois qu'il dit vrai. »

Ses dernières heures, telles qu'elles m'ont été rapportées, semblent le prouver. Jean-Jacques n'a pas protesté, ne s'est pas défendu, il souriait. (Une photo a été prise, il a ses lunettes, il tient son agenda en main, un numéro de *L'Express* est posé au pied du lit.) Il a même trouvé le moyen de faire rire. « Il faut envoyer un mail à Ségolène Royal… – Pour quoi lui dire ? – Que c'est la pagaille ! » Ce qui a été fait et qu'a raconté l'un de ses fils lorsqu'il a pris la parole dans la petite église de Saint-Wandrille.

L'ambiance était moins solennelle qu'à Sainte-Clotilde, moins hautes les voûtes, plus simples les assistants, commerçants, pêcheurs, agriculteurs, fonctionnaires du pays de Caux, tous venus entourer la famille.

L'ancien prêtre, le nouveau, plus jeune, ont concélébré une messe parlée et chantée, entrecoupée de discours des membres de la famille de Jean-Jacques, dont ses deux sœurs, Bernadette et Christiane, puis Édouard, le quatrième fils, qui n'avait pas encore pris la parole, et à nouveau Émile. Édouard tenait à la main un petit soulier blanc taché de sang, que je connais bien : du temps de mon mariage avec Jean-Jacques, cette sandale d'enfant a longtemps été sur l'étagère au-dessus de notre lit, jusqu'à se retrouver à Veulettes, dans son bureau. Lieutenant en Algérie, il l'avait ramassée dans la rue après un attentat terroriste. Cette relique symbolisait sa haine profonde de la violence – qu'il a transmise à ses fils – et sa pitié indignée pour tous les enfants du monde victimes de toutes les guerres.

C'est presque gaiement que Pascaline, la fille aînée de Jean-Louis, a évoqué, au nom des nombreux cousins qu'elle représentait, ses souvenirs de l'« oncle Jean-Jacques ». Eux aussi, il les poussait comme il l'avait fait pour nous, à se baigner dans une eau froide et tumultueuse par temps de drapeau rouge. Sa manière à lui de mieux mobiliser son monde, grand et petit ! « C'est la guerre », aimait-il dire à propos et hors de propos, comme l'a rappelé son frère Jean-Louis, lequel, plus hédoniste, regardait parfois ce frère génial, incapable de repos, avec une certaine perplexité.

Toutefois c'est à Jean-Louis qu'est revenu le dernier mot : « Mon frère nous a appris l'amour, et c'est pour cela que nous sommes tous unis comme nous le restons aujourd'hui. »

Ainsi animée, la cérémonie se prolongeait, la lumière d'automne ne pénétrait plus par les vitraux, au-dehors la nuit tombait et le fils de David, Sasha, onze ans, assis à mon côté, commençait à s'agiter. Une ou deux fois il s'est penché vers moi : « C'est quand qu'on va le mettre dans le trou ? »

Il n'y avait rien de choquant dans cette triviale interrogation, c'était celle d'un jeune esprit averti des réalités, comme ils le sont tous aujourd'hui, ne fût-ce que par la télévision, et décidé à regarder les faits en face.

« Bientôt, lui dis-je, mais ce qui se passe ici est important, en particulier pour toi. Tu t'en souviendras plus tard, car ce qui est dit de ton grand-père te concerne. Toutefois, si tu veux sortir et faire un tour dehors, vas-y, tu peux. »

Le jeune garçon a secoué la tête, il ne voulait rien manquer de l'événement, et maintenant que j'avais reconnu avec lui que les choses duraient, il pouvait attendre.

Reste que, pour nous, adultes, rien ne pressait : tant qu'on est autour de son cercueil, celui qui est parti est encore avec nous, au chaud en quelque sorte. C'est lui faire signe que d'en toucher le bois au passage, de même que c'est le prendre une dernière fois dans ses bras que de le porter à l'épaule pour entrer et sortir de l'église, comme l'ont fait ses quatre fils. (« C'est bien qu'on ait été quatre, me dira plus tard Édouard, tout aussi réaliste que Sasha ; à trois on n'aurait pas pu… »)

Mais la véritable séparation, la cruauté sans égale de ce déchirement, l'inhumain a lieu lorsque le cercueil est descendu dans la fosse à l'aide de cordes.

L'inhumation.

« La religion, c'est de la poésie », a dit Jean-Jacques. Là, plus de musique, plus de religion, plus de poésie : le fait divers.

C'est alors que les larmes jaillissent.

Pour agir et fuir son émotion, Sasha a couru chercher un gros bouquet de roses blanches resté dans l'église et m'a demandé s'il pouvait les mettre « dans le trou ». Je ne sais si les fossoyeurs le lui ont permis, mais j'ai ressenti l'émouvant élan de ce garçon, mon filleul : il voulait faire un geste, participer – mais à quoi ? dans quel but, quelle intention ? dans l'espoir d'infléchir le cours des choses ?

Hélas, il est impitoyable.

On ne dit pas non à la mort.

C'est le cœur bien lourd qu'après la triste et émouvante cérémonie de Veulettes je dois regagner Saintes. Un ami est venu me chercher en voiture : six cents kilomètres d'un trajet durant lequel j'ai le temps de réfléchir à cette succession rapprochée de « coups » : 30 octobre, exclusion du Femina ; 7 novembre, décès de Jean-Jacques.

L'un et l'autre soudains, ces événements m'ont secouée, désorientée, meurtrie... Nuits courtes, réveils avant l'aube, pensées tourbillonnantes. Il faut m'efforcer de me remettre en place, pour moi et pour les autres.

À ma surprise, la presse y contribue et même m'y aide. JJSS et moi étions avant tout des journalistes : le « papier » d'un journal, aux différents sens qu'on peut prêter à ce terme, nous est constitutif. Vital : nous aurons l'un et l'autre vécu sur des litières de journaux. (J'ai toujours ma carte de presse sur moi.)

Aujourd'hui, magazines, quotidiens, tabloïds en toutes langues me cernent et me submergent : grâce à eux, le passé n'a jamais été aussi présent et va le rester. De plus, toutes ces paroles imprimées définissent et ouvrent un autre avenir, comme je le dis à Sabine, venue à l'aube, à Veulettes, s'asseoir au pied de mon lit : « Maintenant, sa deuxième vie commence, il entre dans la légende et toi avec : tu es la veuve de Jean-Jacques Servan-Schreiber. C'est un rôle que tu dois assumer, et il est beau. » Elle m'a regardée, pensive.

Ces derniers temps – est-ce un effet de l'âge ? –, je m'aperçois que je suis de plus en plus celle qui « dit ». Ce pour quoi on m'aime, me fuit, m'exclut ?

À mon arrivée à Saintes, je découvre la presse régionale qu'on m'a gardée : *Sud-Ouest* consacre à mon exclusion toute sa dernière page sous le titre « L'impertinente », et *Le Populaire du Centre* fait fort. Au-dessus d'une photo de Régine et moi, un titre gigantesque annonce : « CHAPSAL LA SCANDALEUSE ! »

Les articles sont compréhensifs, intelligents. Rien ne m'y blesse, bien au contraire ; là aussi je me sens approuvée, aimée.

Puis David m'envoie un mail avec une pièce jointe qu'il s'est amusé à intituler « Madeleine dans le *New York Times* ». Effectivement, à la fin d'un long article consacré à Jonathan Littell et à son Goncourt, mon exclusion du Femina y est relatée avec clarté et exactitude.

Quels journalistes que les Américains ! C'est pour les avoir lus et analysés, alors qu'il s'entraînait aux États-Unis comme pilote de chasse, que JJSS, après la guerre, est devenu maître du genre.

Il admirait particulièrement l'éditorialiste du *Herald Tribune* Walter Lipmann. Quand nous étions à Washington, il m'a emmenée plusieurs fois rendre visite à celui qui était à l'époque le plus écouté des journalistes pour avoir eu le courage de dire le vrai, même au risque de choquer ; au surplus avec force et talent, toutes qualités que Jean-Jacques, devenu patron de presse, exigeait de lui-même comme de ses rédacteurs.

Il aurait apprécié que le motif de mon exclusion du Femina ait été un écrit qu'on peut qualifier de « journalistique », puisque paru dans un journal et exprimant une vérité dérangeante. Avec son laconisme habituel, il m'aurait dit : « Bien. »

C'est dans le Limousin – il y a encore deux ans, je m'y trouvais avec Jean-Jacques –, par l'un de ces temps d'automne où le paysage semble entièrement passé à l'or fin – or jaune, or roux, or rouge –, que je découvre le dernier numéro de *Libération.* Deux pages y sont consacrées aux dames du Femina, avec, sur plusieurs colonnes, une photo récente du jury – douze jurés, plus la secrétaire.

Aussitôt je me dis : « Elles doivent être contentes ! Depuis le temps qu'elles se plaignaient de ne pas avoir suffisamment d'écho dans la presse, en tout cas bien moins que le Goncourt ! Cette année, la surface consacrée au Femina va surpasser de loin celle accordée au grand rival ! »

Fallait-il, pour en arriver à ce petit bout de gloire, à une époque hypermédiatique où prime le fait divers, que mes ex-consœurs procèdent à ce que ma propre sœur condamne comme une manière de « mise à mort » ? Virtuelle, certes, mais, comme elle le soupçonne aussi, « programmée » de longue date.

Je parcours l'article truffé de déclarations des unes et des autres : à les en croire, je ne serais pas comme elles, je serais un être à part – ce qui est bien vrai, pour mon bonheur comme pour mon malheur ! (N'ai-je pas écrit chez Grasset un essai autobiographique intitulé *Une femme en exil* ?) Ma différence serait-elle alors le premier motif de mon exclusion : nous n'aurions pas la même couleur de « peau » ou d'âme ?

Autre accusation : je ne lis pas ! Vrai également, si l'on compare ma façon de procéder avec ce que la plupart appellent « lire » ! Après plus de quarante ans dans le métier de critique littéraire, que je crois avoir accompli à la satisfaction générale – quel courrier n'ai-je pas reçu des plus grands écrivains me remerciant, me félicitant même d'avoir à ce point « compris » ce qu'ils avaient voulu mettre dans leurs livres –, j'y ai acquis quelque entraînement.

Lequel est venu accroître un don sans doute inné : j'avais vingt ans quand j'ai fait dans *Les Échos*, à la demande de mon beau-père Émile Servan-Schreiber, mes premiers comptes rendus de livres. Cela m'était aisé : je sentais d'emblée ce qu'il y a dans un livre comme dans l'esprit de son auteur, voire même aussi dans son inconscient. (« Vous ne voulez pas que je vous envoie des patients ? » m'avait dit, après mon analyse, Serge Leclaire, me jugeant douée pour exercer la psychanalyse.)

Entrée par la suite à *L'Express* qui se créait, j'ai dû soupeser, caresser, pénétrer des milliers d'ouvrages, ce qui fait que lorsqu'il m'en arrive par coursier ou par la poste, une fois l'emballage ouvert il me suffit de prendre le livre en main, de le humer, tous mes sens en éveil, pour en quelque sorte le « radiographier ».

D'évidence, cela déconcerte les personnes qui ont besoin de lire un volume ligne à ligne et jusqu'à la dernière page pour arriver à s'en faire une opinion. Pour moi vient un moment où, de guerre lasse, je refuse de m'encombrer le cœur et l'esprit d'un inutile verbiage.

Je n'attaque pas les consciencieuses : à chacun sa façon d'être expert en son métier. Certains critiques d'art – j'en ai eu chez moi, pour l'estimation d'un tableau litigieux – donnent leur verdict depuis le seuil de la pièce, sans même s'être approchés de la toile : elle leur parle de loin.

De même les grands médecins évaluent l'état d'un patient dès que celui-ci pénètre dans leur cabinet. Pareil pour les vrais analystes, lesquels m'ont confié : à la première séance, ils savent déjà de quoi il retourne… mais chut !

Il m'arrive aussi de comparer la tâche de juré littéraire telle que je l'exerce à celle de l'œnologue, lequel se contente de mirer son verre et de goûter une gorgée qu'il n'avale pas : pour l'avoir tenu en bouche, il sait ce qu'il en est du breuvage, de ses qualités, de ses défauts, jusqu'à son millésime…

Souvent, au jury Femina, j'ai mis en avant un livre dont je connaissais et admirais la valeur mais autour duquel aucune majorité ne pouvait se constituer. Ne pas être suivi dans ses choix, tel est le jeu frustrant des jurés. Pour autant, je n'ai jamais reproché à mes consœurs de ne pas l'avoir lu – bien que j'eusse l'intime conviction qu'en l'occurrence tel était bien le cas, au motif que ce livre-là ne faisait pas partie du « panel » envisagé !

En poursuivant la lecture du long article de Marie Guichoux, je vois qu'on m'accuse de deux inexactitudes :

Mona Ozouf n'aurait pas pleuré le jour où elle s'est fait réprimander par l'une d'entre nous ; il n'y aurait eu que moi à « lire » des larmes sur son visage… Vraiment ? Elle seule sait ce qu'il en fut.

Quant à Gigi, si j'attribuai à tort ce charmant petit animal, si doux, si intelligent, si bien élevé, à Christine Jordis plutôt qu'à sa maîtresse Paula Jacques, c'est que ces deux jeunes femmes s'assoient le plus souvent l'une à côté de l'autre, le chien entre elles, à partager les mêmes rires – agréablement communicatifs –, les mêmes opinions littéraires et probablement donc les mêmes votes. Que Gigi veuille bien me pardonner !

À lire la presse si abondante qui nous est consacrée – *Le Monde*, *Le Figaro*, *Le Journal du dimanche*, *Elle*, *Sud-Ouest*, *Le Populaire du Centre*, *Le Phare de Ré*, aujourd'hui *Libé*... –, je me dis que si ces dames me font le reproche d'avoir révélé certains de leurs us, que font-elles d'autre, en ce moment, sinon dévoiler, commenter, gloser à partir de ce qui se passait parmi nous ?

C'est à Régine, l'insoumise, l'enflammée, que revient la conclusion de l'article : elle va, dit-elle, jeter à la poubelle tous les ouvrages de ses ex-consœurs afin de ne pas « polluer » sa bibliothèque ! Sa galopante impatience l'entraînerait-elle dans le regrettable courant de l'exclusion ? Or ces dames, qualifiées par l'une d'elles d'« intellos », ont écrit quelques jolis ouvrages qui mériteraient d'être conservés, plus lus et mieux connus. Ce qui va peut-être se faire, maintenant que le grand public a été informé de leurs noms.

Françoise Dolto disait : « Toute épreuve comporte un fruit ; le tout, c'est de savoir le cueillir. »

Aurais-je pris mon expulsion avec autant de philosophie, en quelque sorte d'indifférence, si l'« homme de ma vie », JJSS, n'était pas décédé une semaine plus tard ?

Vite devenu public, au point de diffuser son glas dans le monde entier, ce deuil m'est apparu beaucoup plus dur que ne l'est d'ordinaire un deuil privé : l'espace de quelques jours, Jean-Jacques a été partout, en photos, en images mouvantes, jeune, beau, souriant, que ce soit en couverture de *L'Express* ou sur de grandes affiches : dès que j'allais dans la rue, il me faisait face tel qu'il était quand nous nous sommes mariés et que je le croyais exclusivement, passionnément à moi – pour la vie.

Mais la vie est plus complexe, plus fractionnée, plus généreuse aussi que lui et moi ne l'envisagions. Cet « homme pressé », comme, reprenant le titre de Paul Morand, le qualifient certains éditorialistes, paraissait savoir dès le départ que son destin public allait être aussi fulgurant.

Il a continué d'exister avec une force incroyable dans la seconde partie de sa vie, alors qu'une tranche de sa mémoire était comme foudroyée. De cette place importante qu'il occupait toujours, en témoignent, s'il en était besoin, le profond attachement et la douleur de sa seconde épouse et de ses quatre fils.

Pour moi, j'ai ses lettres où il me parle sans cesse de la tâche à accomplir – et du peu d'importance de sa propre personne. Une seule chose compte et doit compter, y répète-t-il, c'est l'amour.

Carte postale postée d'Alger
le 16 septembre 1946

Il faut apprendre à connaître qu'il y a d'autres mondes que celui que nous comprenons, d'autres pensées et d'autres logiques. Il faut se résigner à ne pas vouloir l'humanité heureuse en notre temps et se satisfaire d'un progrès vers le but. Il faut savoir que si l'expérience nous a enseigné à mépriser la guerre, d'autres peuples en découvrent maintenant l'enthousiasme et l'unité d'esprit. Il faut agir et penser avec toute la complexité de l'amour réel, se garder de la rigueur de l'esprit. Il faut croire à de multiples et changeantes vérités, combattre au jour le jour, et aimer en son cœur autre chose que soi-même. Il faut créer.

Je crois que je n'ai de réel courage que par toi dans cette nuit de la terre.

Lettre d'un mardi 18

Mon amour, dans deux jours nous sommes mariés depuis des années. Je t'aime de toute mon âme. C'est un miracle.

Je suis ici dans une atmosphère qui ne se prête pas à l'amour. On passe chaque jour à parler et à réfléchir sur des problèmes théoriques, des abstractions, de la diplomatie, à regarder des fonctionnaires et des militaires. On est bien loin des racines, de la terre, de la joie de vivre et du bonheur. Pourtant chaque jour et chaque nuit je pars tout seul pendant quelques instants me promener le long des arbres et regarder le soleil, et je suis en paix. La vie ne m'est pas lourde, et surtout je rends grâces de ne pas prendre au sérieux ce à quoi j'applique mon esprit dans les heures de travail. La vérité est au fond de la terre et non dans l'activité des hommes, je n'en doute plus. Ce qui me rend d'ailleurs mon travail bien plus satisfaisant, car je lui demande moins et je l'aborde sans âpreté.

Je m'amuse : cette fourmilière de mi-

nistres, d'ambassadeurs, de généraux, de diplomates et de journalistes, tout ce bourdonnement plaisant est distrayant à observer. Je joue le jeu. Je dîne avec Schuman et Bidault, prend le petit déjeuner avec [illisible], me retrouve à minuit dans le grand hall de l'hôtel où cinquante journalistes font la course aux tuyaux et échangent de grandes pensées métaphysiques sur l'origine des coalitions. Ce sport m'est agréable, car j'y ai beaucoup d'aisance. Maintenant que je n'y vois plus qu'un sport, I enjoy it thoroughly. *Ne le dis à personne. Mon sourire n'est que pour toi, et je le donne, mon amour, si souvent dans chaque journée.*

Je suis perplexe car je ne sais pas du tout quand je peux partir d'ici. Cette plaisanterie dure plus longtemps que je ne le prévoyais, peut-être jusqu'à vendredi. Mais il faut pourtant que j'aille passer au moins trois jours à New York et en profite pour régler plusieurs affaires. Je prendrai ma décision aujourd'hui.

Je n'ai aucune nouvelle de toi. J'espère que tu aimes Paris sans moi, que tu es heureuse et calme. Si j'en doutais, je serais très déçu. La force de l'amour vrai, c'est d'exister à l'intérieur et non pas au contact.

Il faut que j'aille m'habiller, il est midi et la ville m'attend. Je vais descendre dans l'arène disputer mon championnat quotidien.

Embrasse ton épaule en pensant à moi. Le koala s'ennuie de toi.

Beaulieu, jeudi matin

Au milieu de toute cette beauté, du calme et du repos, je ne cesse de t'adorer et d'avoir mal de ne pas être avec toi.

Ce pays est un paradis magnifique et enchanteur.

Le cadre idéal pour l'amour statique. Pourquoi le nôtre ne serait-il pas aussi statique de temps en temps ?

Pas de nouvelles de toi. Je continue à me réveiller en adorant la vie qui m'a permis de te découvrir. Une oasis dans un grand désert, sans carte de navigation ; l'explorateur ne sait comment manifester sa joie, son infinie reconnaissance à la nature pour l'avoir guidé contre tous les hasards.

Lettre à l'en-tête du Monde,
5, rue des Italiens, Paris IXe

Mon Pussy, peut-être c'est déjà le matin. Demain soir je rentre dans ton lit, tu n'es pas triste, tu sais que je t'aime, je t'aime encore tellement plus que tu ne crois, et quand je suis triste, c'est parce que je t'aime trop et que c'est mauvais, parce que je t'étoufferais si je te faisais porter tout cet amour ; et qu'il faut que tu puisses respirer toutes les fleurs et tous les arbres, et la musique et le ciel que tu aimes, et qu'il n'y a pas que moi sur terre. Alors il faut que je t'aime plus doucement, mais je t'adore.

Demain soir, je rentre, j'aurai vu les Irlandais, tout seul, sans mon Pussy derrière moi pour dessiner leurs drôles de gueules ou les robes de leurs femmes. L'idéal serait même que je puisse prendre un avion pas trop tard et que nous puissions sortir ensemble demain soir. Je vais essayer.

Je n'aime pas du tout te laisser. Et quand je pense que tu aurais dû rester à l'INOP, et moi essayer de voyager sans toi ! Heureusement que nous sommes libres et que quand quelque chose nous empêche d'être ensemble, ou de faire ce que tu aimes, on peut presque toujours le supprimer. Tu sais, nous avons beaucoup de chance. Peut-être est-ce ce que je me dis en prenant mon avion pour Dublin dans quelques minutes et en te laissant un peu triste avec des gens un peu énervants. La vie est tellement gentille avec nous, au fond, qu'on peut lui pardonner de temps en temps quand ça ne marche pas tout seul.

Je suis heureux même quand je suis triste. Je suis heureux quand je te regarde même quand tu es triste. Peut-être seulement faut-il que je m'entraîne à être un peu moins jaloux de la terre entière ; avant je n'étais pas comme ça. Il faut que tu dises que tu m'aimes plus que tout, ça me soignera. Mais, surtout, il faut que tu vives comme tu aimes, et que tu puisses faire de grands gestes avec tes bras sans que je les tire tout le temps vers le bas. Je t'adore.

Fais-moi un sourire quand je vais rentrer. Je voudrais que tu sois heureuse jusqu'au fond et que je le lise dans tes yeux.

Maintenant je pars, je ferme mes yeux et je t'embrasse.

De Paris-Presse,
100, rue Réaumur, samedi matin

Mon amour, fin de matinée toujours assez amère, tendue et désagréable, grâce aux rapports peu harmonieux que le « soviet » de la rédaction en chef et moi sommes arrivés à créer entre nous. J'ai tort. Au fond je pourrais réussir tellement plus facilement si j'étais moins brutal et un peu plus philosophe. La faute est en grande partie la mienne. Je heurte les gens de front et je ne respecte pas assez même leur médiocrité. Je devrais savoir que j'ai aussi bien des côtés médiocres ou faibles. Dans la bataille je me lance tout entier, sans nuances ni position de repli. C'est bien dangereux et peut-être bien bête.

Est-ce que dans mon amour pour toi je fais la même chose ? Je me surprends à y penser, à découvrir le rapprochement. C'est peut-être ce qui souvent t'éloigne.

Je suis marqué par cette fatalité, par une brutalité irrépressible qui me rend tout toujours plus ardu et cahotique.

Je n'en tire aucun orgueil, au contraire : du regret. C'est peut-être mon premier symptôme favorable.

D'ailleurs, ce qui me sauve, c'est que je sais ce qu'est l'amour et que je ne prends rien plus au sérieux.

Tu vois, je suis optimiste. J'ai commencé cette lettre pour pleurer dans tes bras, je la termine en te souriant.

Merci, mon amour.

Casablanca, dimanche 22 septembre

Mon amour, j'ai une masse informe et illimitée de sentiments à te confier, d'impressions, d'idées, de réactions à te faire partager. Alors je ne sais plus choisir que les moindres, les plus imprécises – peut-être parce que, comme toi, je sens que le fini exclut la fécondité, il doit toujours rester une voie ébauchée vers les ténèbres et l'inconnu.

Ravissante maison que celle des Bonan, spacieuse, calme, enveloppante, comme l'Afrique – chaude. Seul ce matin en face d'un tableau que dès la première rencontre j'ai « reconnu ». Sombre, bronzé, il faut longuement le regarder avant de le saisir. Les corps endormis l'un sur l'autre, las, satisfaits, détendus, après avoir éprouvé toute leur intensité et leur puissance de contact, ils se sont laissés aller au silence. Plus que la simple sexualité, plus même que toute la force du désir physique, j'y vois l'innocente supériorité de la Nature. Pas de construction humaine capable de donner cet élan vers l'infini, cette sensa-

tion de passion commune dans la sève, dans l'essence même du monde et de l'homme. Primitif, mais fécond.

Toutes ces impressions que j'avais à l'état latent, reposées en moi, ce tableau d'un coup les a réveillées et en même temps le désir passionné de toi, de ton corps. Tout doit être à nous jusqu'à la profondeur.

Je te montrerai ce tableau un jour, mon amour ; quand il nous arrivera naturellement, impérieusement de passer par là.

Cependant, et j'en rends humblement grâce au Ciel, car je n'y suis pour rien, le désir physique n'a jamais été mon obsession, et moins que jamais depuis que je t'aime, tellement mieux qu'il est possible d'aimer.

Ma chérie, je crois que j'ai atteint la limite de ma capacité individuelle – je veux dire que cette absence a assez duré ; je n'ai plus la foi ni le goût de l'effort. J'ai besoin de te revoir, de sentir ton élan vers la vie, ta pureté. Je suis maintenant revenu à un état banal, normal, mesquin, je m'autorise d'être faible, un peu jouisseur (tu sais : changer l'heure du réveil, man-

ger un peu trop, ne pas écrire d'articles), un peu comme tout le monde. J'ai soif de noblesse, mais je ne peux rien sans toi. Merveilleuse impuissance ; je ne regrette rien de mon indépendance, de mon autonomie. J'ai atteint, grâce à toi, des sommets de génie que je n'avais jamais découverts en moi, et du fond de la platitude où cet éloignement m'a maintenant replongé, je sais le souvenir de notre extase, de notre hauteur, je sais l'espoir et la confiance. Il ne manque que toi.

22 septembre. Chérie : j'ai tenu un mois. Inespéré ! Pardonne-moi encore une fois de n'être pas un héros, ni un César, de dépendre aussi misérablement d'une femme, de sa présence et de son amour. Je sais le destin d'Antoine, mais c'est qu'il était mal tombé... Moi j'abandonne mon ambition, mon orgueil et la gloire aux pieds d'une Reine infiniment plus humaine et plus pure.

D'Algérie

Je ne t'ai pas écrit depuis tes dernières lettres, mais j'ai beaucoup profité de ce que tu me faisais observer. Et je retiens surtout ce que tu exprimes remarquablement sur la valeur du « détail » dans toute action et dans toute conception de la société. Ce détail qui contient en lui le « reflet de tout », je l'ai aussi découvert ici ; je dirai même que c'est la seule chose importante que j'aie trouvée.

J'ai compris, ressenti que le « problème algérien », ce n'était pas des projets, des statuts, des décrets, mais que c'était tout entier cet Arabe digne et méfiant que j'ai en face de moi, autour de cette petite table basse, dans l'arrière-cour d'une mechta en terre battue. J'ai ressenti de la même manière que la France était contenue dans ce rappelé de vingt-trois ans qui n'arrivait pas à comprendre ce qu'il faisait ici, et qui le faisait mal, et qu'il fallait convaincre. Je rapporte cela avec moi, et j'en suis beaucoup plus riche. La manière dont tu l'exprimes si clairement dans ta lettre m'a aidé à en être tout à fait convaincu. Et je crois vraiment, comme toi, que c'est essentiel. Nous avons formé, ou continuellement nous formons plus un troisième être qui nous entraîne, nous accroît. À l'intérieur de cette œuvre – notre œuvre –, tu as eu une réaction d'instinct, et j'ai eu en retour une réaction personnelle aussi. Ta personnalité indépendante contre ma volonté – animale – de domination.

Je suis absolument *certain que dans ce bref éclat j'ai tort. Qu'entre ces deux forces contraires, l'une est à préserver par-dessus tout – ta personnalité –, car notre amour, mon amour en dépend. J'aime – comme je t'aime ! – Madeleine, et pas un miroir ou un animal domestique. Madeleine forte, personnellement existante !*

D'Algérie, vendredi

Mon Pussy, avant de repartir en montagne, je veux seulement t'embrasser et te dire, à propos de ta dernière lettre, que je comprends infiniment ce que tu me dis et la manière dont tu le dis. Ne crois pas que je suis ce bulldozer que je suis encore, mais que je ne serai pas toujours, car au fond c'est autre chose que je vois pour moi. La vie ne me paraît pas plus simple qu'à toi, ni le travail plus satisfaisant. Et c'est pour cela que je suis toujours aussi proche de toi. Depuis bientôt dix ans nous vivons un drame commun, bien que si souvent séparés. À quoi servirait de mimer les rites des mariés comme les autres ; tout cela est superficiel et lâche. Au fond de ta vie il y a cette angoisse et cet instinct, et au fond de la mienne il y a les mêmes sentiments. Parle-moi comme tu le ressens. Ne me demande jamais d'être autrement que je ne suis. D'ailleurs, tu ne le fais pas. Sans doute parce que tu m'aimes. Mène ta vie comme tu le veux, tu peux t'appuyer sur moi quand tu en as envie ou besoin. Mais il faut aussi que tu saches que je ne serai sans doute plus très longtemps cet homme d'action apparemment si implanté dans la vie dite réelle. Mon ambition s'évanouit peu à peu, et le dérisoire de la société m'apparaît. Je ne désespère pas de me délivrer un jour de tout cela. Ce monde est sans valeur. Je t'embrasse.

Mon Pussy, il y a longtemps que je n'ai pas de lettre de toi. Ça me manque. J'ai besoin d'un petit signe de toi, souvent, sinon je ne sais plus où tu es et je te cherche.

J'ai envoyé à Paris des notes et des photos sur notre travail de commando, je voudrais que tu les voies pour que tu comprennes le sens de l'opération que j'ai mise en train ici. Je crois que ça te paraîtra sans doute moins bête que le reste. Tu me diras ce que tu en penses.

Maintenant il faut que je retourne mon esprit encore une fois dans un autre sens. Il faut imaginer la suite, la démobilisation des rappelés, la mienne, ce qui va se passer ici, ce que je vais faire au retour. On ne peut pas « faire comme si » rien ne s'était passé. Pour moi, et pour tous les autres, et pour la génération qui participe à cette affaire, c'est un fait massif. Il faut savoir l'interpréter, en tenir compte, ne pas rester aveugle.

Dis-moi ce que tu penses. Mon retour n'est pas très prochain. Ma date possible de démobilisation est janvier, première quinzaine.

Comment vois-tu l'avenir, et qu'est-ce qui te paraît important ?

Travaille dur. Très dur. Plus tu souffres, plus tu supportes d'angoisse, plus tu feras, au bout du sacrifice et de l'inquiétude, une œuvre valable, et d'abord en toi-même.

N'abandonne pas, à aucun prix. Même s'il n'y a pas de livre en résultat de cet effort, il y aura ta volonté et le respect de toi-même. J'ai du respect pour toi.

Je crois à la vie, mais je la prends tellement plus au tragique que je ne peux l'accepter si des forces vitales ne poussent en moi. C'est cette lente et permanente montée de sève qui me rend à la fois plus grave mais plus vrai. Je resterai avec toi.

Je conserve aussi plusieurs cassettes inédites sur lesquelles j'interroge celui que je savais mal compris : on le jugeait ambitieux, il l'était, mais sur un plan autre que celui d'une carrière, fût-elle brillante – ou défaillante. Il lui fallait la réussite intérieure – celle vers laquelle il me poussait également. Ce qu'il a défini dans la dédicace qu'il m'a faite pour *Passions*, son dernier livre, ses Mémoires, comme son « aventure sans fin ».

Quand j'ai publié *L'Homme de ma vie*, je revois son sourire narquois : « C'est qui, l'homme de ta vie ? – Tu le sais, Jean-Jacques, c'est toi ! – Alors c'est bien. »

Cela se passait toujours ainsi quand il s'agissait de l'essentiel : en peu de mots, tout était dit.

Le journalisme, la création et le développement de *L'Express*, dont on dit qu'il était son enfant, ne représentait, pour ce patron de presse, qu'un outil dans ce qui était son seul combat : celui pour une vie meilleure, plus riche, plus féconde, plus juste, pas seulement pour ses concitoyens, mais pour tous les hommes de la planète.

Que j'appartienne à un jury littéraire se justifiait à ses yeux par la promotion qu'on pouvait ainsi donner à la pensée, la nôtre ou celle des autres, en se servant de l'instrument que nous avions tous deux reçu à la naissance et développé par le travail : l'écriture. Comme, pour d'autres, la musique.

Que je ne sois plus au Femina ne lui aurait pas paru plus important que, pour lui, de quitter *L'Express* : une vaguelette sur le chemin d'eau qui mène vers le large.

En revanche – faut-il le porter à son crédit ou à son débit ? –, Jean-Jacques a eu jusqu'au bout un coup d'œil laser pour juger qui était qui. Ses fils me racontent qu'encore dernièrement, lorsqu'ils lui présentaient un ami ou une amie, Jean-Jacques jetait un regard sur le nouveau venu, puis l'acceptait ou le rejetait. Sans ambages : « Toi, viens ici, approche-toi, tu me plais. » Ou alors : « Toi, tu peux t'en aller, tu es nul ! »

Le pire, me disent ses fils, c'est qu'il ne se trompait guère ! Et d'en rire…

S'agissait-il en l'occurrence d'exclusion ? Peut-être. On peut aussi considérer cette rapidité de jugement, qui lui permit de s'entourer des gens les plus performants de sa génération, et d'avoir pour compagnons et amis proches les plus grands, comme une forme d'exigence. On ne pouvait approcher Jean-Jacques sans aspirer à être meilleur. Et souvent on le devenait.

Ces jours-ci, lire, entendre ce que disent de lui toutes sortes de gens, depuis des personnalités de premier plan – Valéry Giscard d'Estaing, Robert Badinter, Jean Daniel – jusqu'à une marée d'inconnus, me donne à penser que c'est soi-même que chacun juge en faisant son portrait. Jean-Jacques agissait comme un révélateur – encore plus depuis qu'il était remisé à l'écart.

Je me souviens d'une remarque qu'avait faite Marguerite Yourcenar et qui revenait à dire : « Quand je quitterai cette planète, je voudrais l'avoir polluée le moins possible… » Jean-Jacques faisait de même sans s'en expliquer : il touchait à peine aux choses, aux objets, et ne possédait pratiquement rien. Du moins pas longtemps : il se débarrassait de tout en le vendant, le donnant, en en dispersant l'argent. Je ne suis pas sûre qu'il ait jamais eu une voiture à son nom. Sa garde-robe est restée toute sa vie simpliste : du bleu, du blanc, du noir, aucun bijou, des montres-bracelets le plus souvent sans valeur.

Il avait pourtant un objet fétiche que je lui ai vu en main dès notre rencontre : son agenda de poche ! J'en ai conservé quelques trimestres : chaque page est surchargée de notations minuscules, quasi illisibles.

Ce réseau si ramifié et personnel – rendez-vous, idées, appels à faire, ordres à donner – est comme la projection de son esprit, de son désir de faire entrer une vie entière dans chacune de ses journées. De son besoin, aussi, d'être perpétuellement dans l'au-delà du présent, dans l'avenir. Son séjour de prédilection.

Cet au-delà du présent, il doit y être. C'est ainsi du moins que je le ressens.

Le reste est poussière d'étoiles – de son étoile.

Novembre-décembre 2006.

DU MÊME AUTEUR

Un été sans histoire, roman, Mercure de France, 1973 ; Folio, 958.

Je m'amuse et je t'aime, roman, Gallimard, 1976.

Grands Cris dans la nuit du couple, roman, Gallimard, 1976 ; Folio, 1359.

La Jalousie, essai, Fayard, 1977 ; rééd. 1994.

Une femme en exil, récit, Grasset, 1979.

Un homme infidèle, roman, Grasset, 1980 ; Le Livre de Poche, 5773.

Envoyez la petite musique..., essai, Grasset, 1984 ; Le Livre de Poche, « Biblio/Essais », 4079.

Un flingue sous les roses, théâtre, Gallimard, 1985.

La Maison de jade, roman, Grasset, 1986 ; Le Livre de Poche, 6441.

Adieu l'amour, roman, Fayard, 1987 ; Le Livre de Poche, 6523.

Une saison de feuilles, roman, Fayard, 1988 ; Le Livre de Poche, 6663.

Douleur d'août, Grasset, 1988 ; Le Livre de Poche, 6792.

Quelques pas sur la terre, théâtre, Gallimard, 1989.

La Chair de la robe, essai, Fayard, 1989 ; Le Livre de Poche, 6901.

Si aimée, si seule, roman, Fayard, 1990 ; Le Livre de Poche, 6999.

Le Retour du bonheur, essai, Fayard, 1990 ; Le Livre de Poche, 4353.

L'Ami chien, récit, Acropole, 1990 ; Le Livre de Poche, 14913.

On attend les enfants, roman, Fayard, 1991 ; Le Livre de Poche, 9746.

Mère et Filles, roman, Fayard, 1992 ; Le Livre de Poche, 9760.

La Femme abandonnée, roman, Fayard, 1992 ; Le Livre de Poche, 13767.

Suzanne et la province, roman, Fayard, 1993 ; Le Livre de Poche, 13624.

Oser écrire, essai, Fayard, 1993.

L'Inondation, récit, Fixot, 1994 ; Le Livre de Poche, 14061.

Ce que m'a appris Françoise Dolto, Fayard, 1994 ; Le Livre de Poche, 14381.

L'Inventaire, roman, Fayard, 1994 ; Le Livre de Poche, 14008.

Une femme heureuse, roman, Fayard, 1995 ; Le Livre de Poche, 14021.

Une soudaine solitude, essai, Fayard, 1995 ; Le Livre de Poche, 14151.

Le Foulard bleu, roman, Fayard, 1996 ; Le Livre de Poche, 14260.

Paroles d'amoureuse, poésie, Fayard, 1996.

Reviens, Simone, suspense, Stock, 1996 ; Le Livre de Poche, 14464.

La Femme en moi, essai, Fayard, 1996 ; Le Livre de Poche, 14507.
Les Amoureux, roman, Fayard, 1997 ; Le Livre de Poche, 14588.
Les amis sont de passage, essai, Fayard, 1997 ; Le Livre de Poche, 14751.
Un bouquet de violettes, suspense, Stock, 1997 ; Le Livre de Poche, 14563.
La Maîtresse de mon mari, roman, Fayard, 1997 ; Le Livre de Poche, 14733.
Un été sans toi, récit, Fayard, 1997 ; Le Livre de Poche, 14670.
Ils l'ont tuée, récit, Stock, 1997 ; Le Livre de Poche, 14488.
Meurtre en thalasso, suspense, Stock, 1998 ; Le Livre de Poche, 14966.
Défense d'aimer, Fayard, 1998 ; Le Livre de Poche, 14814.
Les Plus Belles Lettres d'amour, Albin Michel, 1998.
Théâtre I, En scène pour l'entracte, Fayard, 1998.
Théâtre II, Combien de femmes pour faire un homme ?, Fayard, 1998.
La Mieux Aimée, roman, Fayard, 1998 ; Le Livre de Poche, 14961.
Cet homme est marié, roman, Fayard, 1998 ; Le Livre de Poche, 14870.
Si je vous dis le mot passion..., entretiens, Fayard, 1999.
Trous de mémoire, essai, Fayard, 1999 ; Le Livre de Poche, 15176.
L'Indivision, roman, Fayard, 1999 ; Le Livre de Poche, 15039.
L'Embellisseur, roman, Fayard, 1999 ; Le Livre de Poche, 14984.

Divine Passion, poésie, Fayard, 2000.
J'ai toujours raison, nouvelles, Fayard, 2000 ; Le Livre de Poche, 15306.
Jeu de femme, roman, Fayard, 2000 ; Le Livre de Poche, 15331.
Dans la tempête, roman, Fayard, 2000 ; Le Livre de Poche, 15231.
Nos jours heureux, roman, Fayard, 2000 ; Le Livre de Poche, 15368.
La Maison, récit, Fayard, 2001.
La Femme sans, roman, Fayard, 2001 ; Le Livre de Poche, 15486.
Les Chiffons du rêve, nouvelles, Fayard, 2001 ; Le Livre de Poche, 15553.
Deux Femmes en vue, roman, Fayard, 2001 ; Le Livre de Poche, 15421.
L'amour n'a pas de saison, Fayard, 2002 ; Le Livre de Poche, 30120.
Nos enfants si gâtés, roman, Fayard, 2002 ; Le Livre de Poche, 30221.
Callas l'extrême, biographie, Michel Lafon, 2002.
Conversations impudiques, essai, Pauvert, 2002 ; Le Livre de Poche, 30028.
Dans mon jardin, récit, Fayard, 2003 ; Le Livre de Poche, 30410.
La Ronde des âges, roman, Fayard, 2003 ; Le Livre de Poche, 30309.
Mes éphémères, Fayard, 2003.
L'Homme de ma vie, Fayard, 2004 ; Le Livre de Poche, 30504.
Noces avec la vie, Fayard, 2004.
Un oncle à héritage, Fayard, 2005.
Les Roses de Bagatelle, Fayard, 2005.

Le Certain Âge, Fayard, 2005.
Le Charme des liaisons, Fayard, 2006.
Journal d'hier et d'aujourd'hui, t. I, Fayard, 2006.
Affaires de cœur, Fayard, 2006.

madeleine.chapsal@wanadoo.fr

Achevé d'imprimer en décembre 2006
par ***Bussière***
à Saint-Amand-Montrond (Cher)

Composition
Paris PhotoComposition
75017 PARIS

35-33-3536-6/01

ISBN 978-2-213-63296-4

Dépôt légal : janvier 2007.
N° d'édition : 82887. – N° d'impression : 064513/1.

Imprimé en France